Endosos:

He conocido a Joe y Stephanie por más de veinte años, y he ministrado en conferencias matrimoniales varias veces con ellos. Su testimonio de restauración matrimonial contra todo pronóstico es muy poderoso y refrescante. En la actual cultura de divorcio, es muy alentador poder leer una historia de la redención de Dios para un matrimonio que nadie pensó que podía ser sanado.

Si Usted está teniendo dificultades en su matrimonio, este libro le alentará grandemente y avivará su fe en el Dios vivo para sanar sobrenaturalmente su matrimonio, tal como lo hizo con Joe y Stephanie. Sin embargo, le animo a no solamente pensar en Usted mismo, sino que siempre tenga a la mano varios ejemplares del libro de los señores DeMott, Redención, para dar a otras parejas que lo necesiten.

Craig Hill
Fundador – Family Foundations International
www.familyfoundations.com

Joe y Stephanie han condensado en este folleto la sanidad milagrosa de sus vidas, su matrimonio y su familia. Este amalgamiento y restauración milagrosos de sus vidas, su matrimonio y su familia ha dado esperanza a muchos como una consecuencia de sus viajes por todo el mundo. Su transparencia para hablar del proceso de su sanidad a través de la gracia de Dios, por la fe en Su Palabra, ha dado a luz esperanza en los corazones y vidas de muchos a través de los años, quienes han visto milagros similares en sus vidas, matrimonios, hogares y familias. Su oración y la nuestra es que el Señor tenga a bien utilizar su testimonio para hacer nacer la misma esperanza, la misma fe y la misma sanidad en los corazones de muchos de que "para Dios, no hay nada imposible"!

Lou Montecalvo
Fundador y Pastor Supervisor de los Ministerios Redentor
www.redeemertemple.com

Conocimos a Joe y Stephanie DeMott hace varios años durante el trabajo ministerial de uno de los ministerios con los que cooperamos. Aunque cada historia de restauración de una pareja es única, nos dimos cuenta que nuestros caminos de restauración y sanidad eran similares en muchos aspectos. Hemos pasado mucho tiempo en varias ocasiones "comparando notas" y alabando a Dios por lo que ha hecho en todas nuestras vidas, y especialmente para nuestras restauraciones matrimoniales.

Joe y Stephanie tienen un testimonio convincente de lo que Dios puede lograr en un matrimonio devastado si el marido o la esposa eligen creer en sus votos matrimoniales y aferrarse a su pacto. Su compromiso con la sanidad y restauración del matrimonio, no sólo por ellos mismos sino por todos los matrimonios que puedan tocar, es un llamado de Dios. Ellos son verdaderamente misioneros a los matrimonios en todo el mundo.

No lea su historia como una de cuan mal dos personas pueden tratarse uno al otro en medio de conflictos maritales. Léala mas bien por la gloria que le dan a Dios por Su protección, por Su guía y por mantenerlos a salvo durante su viaje de regreso desde el abismo.

Rex y Carolyn Johnson
Directores
Covenant Keepers Inc.
www.covenantkeepersinc.org

"He escuchado muchos testimonios de redenciones matrimoniales a través de los años. El testimonio de Joe y Stephanie es uno de los más dramáticos. Pasar del abuso y adulterio al amor y a un pacto matrimonial fuerte es realmente un milagro de Dios. Oro para que la lectura de este libro sea un punto de cambio para muchas parejas que enfrentan situaciones similares. ¡Dios verdaderamente resucita a los muertos!"

R. Loren Sandford,
Pastor Principal de la Iglesia y Ministerios New Song (Denver, Colorado), autor, voz profética y conferencista.
www.newsongchurchandministries.org

Ezequiel 37 Reina Valera Actualizada (RVA)

Los huesos secos cobran vida

La mano del SEÑOR vino sobre mí; me llevó fuera por el Espíritu del SEÑOR y me puso en medio de un valle que estaba lleno de huesos. [2]Me hizo pasar junto y alrededor de ellos, y he aquí que eran muchísimos sobre la superficie del valle. Y he aquí que estaban muy secos. [3]Entonces me preguntó:—Oh hijo de hombre, ¿vivirán estos huesos? Y respondí:—Oh SEÑOR Dios, tú lo sabes. [4]Entonces me dijo:—Profetiza a estos huesos y diles: "Huesos secos, oigan la palabra del SEÑOR. [5]Así ha dicho el SEÑOR Dios[b] a estos huesos: 'He aquí, yo hago entrar espíritu en ustedes, y vivirán. [6] Pondré tendones sobre ustedes, haré subir carne sobre ustedes, los cubriré de piel y pondré espíritu en ustedes; y vivirán. Y sabrán que yo soy el SEÑOR'".

[7]Profeticé, pues, como se me ordenó; y mientras yo profetizaba, hubo un ruido. Y he aquí un temblor, y los huesos se juntaron, cada hueso con su hueso. [8]Miré, y he aquí que subían sobre ellos tendones y carne, y la piel se extendió encima de ellos. Pero no había espíritu en ellos. [9]Entonces me dijo:—Profetiza al espíritu. Profetiza, oh hijo de hombre, y di al espíritu que así ha dicho el SEÑOR Dios: "Oh espíritu, ven desde los cuatro vientos y sopla sobre estos muertos, para que vivan". [10]Profeticé como me había mandado, y el espíritu entró en ellos y cobraron vida. Y se pusieron de pie: ¡un ejército grande en extremo!

¡Declaramos que tu matrimonio será también sanado y pleno!

Redención

Por

Joe y Stephanie DeMott

Una historia de fe, gracia y misericordia

2 Corintios 2:14 (RVA)

Pero gracias a Dios que hace que siempre triunfemos en Cristo y que manifiesta en todo lugar el olor de su conocimiento por medio de nosotros.

Redención

Queríamos escribir este folleto en una forma en que pudiéramos expresar con Usted nuestros sentimientos individuales sobre nuestra travesía. Muchas parejas en esta situación necesitan respuestas; le animamos a ir a Dios por sus respuestas. Sepa que nadie conoce mejor a su cónyuge que Él. Nadie quiere verlo sanado más que Él. Esperamos que nuestro testimonio traiga esperanza y aliento en donde quiera que esté su matrimonio.

Génesis 2:23 (RVA) Entonces dijo el hombre: "Ahora, esta es hueso de mis huesos y carne de mi carne. Esta será llamada 'mujer', porque fue tomada del hombre".

<u>Joe</u>: En Apocalipsis 12:11 la Palabra dice: "Y ellos lo han vencido por la sangre del Cordero y de la palabra del testimonio de ellos." Queremos que sepa que la Palabra de Dios es verdad. Él ha hecho cosas por nosotros que sabemos Él hará en su matrimonio. Él quiere que todos nosotros seamos sanados y enteramente con gozo en nuestros matrimonios, no aferrándonos el uno al otro sin ninguna esperanza. Dios quiere poner amor en nuestros corazones refrescarnos día a día. Sabemos por lo que Él nos ha sanado que Él puede hacer lo mismo por Usted.

Apocalipsis 12:11 Y ellos lo han vencido por causa de la sangre del Cordero y de la palabra del testimonio de ellos, porque no amaron sus vidas hasta la muerte.

<u>Stephanie:</u> La Palabra de Dios dice claramente que Él no hace acepción de personas. Como Joe mencionó, lo que Dios ha hecho en nuestras vidas lo hemos visto hacer en la vida de muchas otras personas. Él desea plenitud para aquellos que sufren. Le puedes dar este testimonio a alguien que está en una situación de sufrimiento y desesperación para animarlos también. Joe contaba que cuando nos conocimos, yo era creyente y él no. Nuestra relación comenzó en yugo desigual. En la palabra de Dios hay directrices claras que nos dicen que la luz y la oscuridad no se mezclan. Hemos de elegir un compañero que también sea un creyente en Jesús. Algunos ni siquiera entienden lo que significa estar bajo un mismo yugo. Es tener el común denominador de conocer al Señor Jesucristo como nuestro salvador personal. No tuvimos eso en nuestra relación.

2 Corintios 6:14 No se unan en yugo desigual con los no creyentes. Porque ¿qué compañerismo tiene la rectitud con el desorden? ¿Qué comunión tiene la luz con las tinieblas?

<u>Joe:</u> Estar en yugo desigual fue una de las primeras cosas de las cuales tuvimos que arrepentirnos. Era difícil volver atrás y arrepentirse de aun habernos casado en primer lugar.

También nos habíamos involucrado sexualmente antes del matrimonio. El pecado del que hablamos nos predispuso al fracaso desde el principio. Esto causó una falta de respeto mutuo. Tal vez nunca debimos haber estado casados. Estamos seguros de que estábamos equivocados al casarnos en aquel entonces ya que yo no era cristiano. Ahora estamos en Pacto y tenemos que honrar ese pacto.

Recuerdo que cuando empezamos a salir juntos, Stephanie era cristiana. Pensaba que yo era cristiano; creía que sabía quién era Jesús y que sabía quién era Dios. Fui criado en un hogar religioso, pero no tenía una relación personal con Jesús. Acababa de ingresar al programa de cadetes del departamento de policía, y pensaba de que el hecho de que estaba haciendo bien para la sociedad significaba que ya era salvo y que iba a ir al cielo. He ido a funerales de policías en donde eso es exactamente lo que le dicen a uno: eres un policía y vas para el cielo. Mira a este tipo, cumplió con su deber; ahora va al cielo. Esa era realmente la forma en que pensaba que sería: mis obras me iban a llevar al cielo. Pero a lo largo de los primeros años de nuestra vida matrimonial, había comenzado a abusar de Stephanie. En realidad, el abuso ocurrió incluso antes de casarnos. Abusé de ella física, mental y emocionalmente. Cuando ingresé al departamento de policía, tenía una pistola disponible todo el tiempo. De hecho, la amenazaba. Amenazaba con matarla, amenazaba con matarme a mí mismo, con tal de obtener una reacción de ella. Yo estaba deseando algo en mi vida. En ese momento, no sabía lo que era; pero ahora, mirando hacia atrás, sabemos obviamente que era el amor del Señor lo que realmente deseaba. Queriendo algo más y queriendo controlar mi vida, estaba haciendo todo este daño a mi esposa. Lo creas o no, sin darme cuenta lo mal que la estaba lastimando.

Stephanie: Cada uno de nosotros deseamos en nuestro corazón ser amados. Todos queremos ser deseados y aceptados por alguien. Cuando empiezas una relación que involucra tanto rechazo, es difícil tener esperanza. Pero ahora queremos decir que Dios puede tomar a personas rechazadas y poner amor en sus corazones; darles el amor del Señor. Tomar todo el rechazo fuera de ti y darte amor. El Señor pagó el precio por nosotros. Él tomó el rechazo por nosotros para que no tengamos que soportarlo y sentirlo en nosotros. Joe contaba que éramos dos personas totalmente diferentes. Éramos totalmente lo opuesto en muchas maneras. Joe era una persona bastante extrovertida; yo era muy tímida e introvertida. Nunca había sabido realmente cómo manejar lo que estaba pasando en nuestro matrimonio. El abuso y la violencia estaban sucediendo delante de nuestros tres hijos pequeños. Había orado durante ocho años para que Dios salvara a Joe, para que Jesús cambiara nuestras vidas. Oraba para que hubiera restauración. Oraba para que Joe se hiciera cristiano. Pero cuando nos casamos, no lo hice a la manera de Dios, lo hice a mi manera. La Palabra nos dice que hay una sola manera, y es hacerlo a la manera de Dios. Cuando vamos y hacemos nuestro parecer, estamos buscando problemas.

Proverbios 14:12 (RVA) Hay un camino que al hombre le parece derecho, pero que al final es camino de muerte.

Tenía esta idea: bien, voy a creer; me voy a casar con Joe y él va a ser salvo debido a mi fe. Cuando esto no sucedió en mi tiempo, empecé realmente a tener resentimientos para con Joe, para con nuestros hijos, y aun para con Dios. Muchas veces no podemos admitir que estamos enojados con Dios. Él conoce nuestro corazón. Él ya sabe que estamos enojados con Él. Así que si estás en esa situación, es necesario que abras tu corazón. Arrepiéntete para que el enemigo no sea capaz de entrar y hacerte caer en un pecado mayor. Realmente eso es lo que pasó conmigo cuando mi corazón se endureció. A través los años de abuso, la dureza se fue formando capa sobre capa. Pronto, me molestaba Dios. Sentía como que: Dios, no oyes ni contestas cuando lo requiero. El resentimiento se hizo tan fuerte que termine dándole la espalda a Dios y yendo al mundo. Estuve en drogas, en alcohol y también en adulterio. Perdí completamente todo lo que tenía con el Señor, y perdí mi relación con Él. Toque realmente fondo.

<u>Joe:</u> Stephanie habla de estar estado involucrada en adulterio. Bueno, por mi parte, yo también había estado involucrado en adulterio. Seguí las maneras del mundo. Y tal vez aun lo que pensaba que era parte de mi profesión. Tenía que ser macho. Había algo de presión de parte de algunos compañeros, y por ello sentía que era algo que tenía que hacer para ser aceptado. Eso es lo que todos queremos. Todos queremos ser aceptados ya sea por nuestros compañeros o por nuestros seres queridos. Y simplemente caí. Es algo de lo cual vemos tanto ahora, no sólo en el mundo pero también en el cuerpo de Cristo. El enemigo usa el pecado para romper matrimonios de muchas maneras. Queremos decirle ahora que, no importa si se trata de adulterio o de abuso, la sangre de Jesús puede cubrir esos pecados, cubrir la herida y sanarle a Usted.

Stephanie mencionaba haber pasado por todo este dolor. Miro hacia atrás, y como dije anteriormente, no sabía realmente lo perjudicial que las cosas que hacia eran para mi matrimonio. Trabaje mucho; Traía buen dinero a casa. Pensaba que eso era lo que iba a hacer mi vida feliz, y a mi esposa feliz.

Pensaba que proveer me hacía un buen marido. No me di cuenta de la importancia de alimentar a mi familia espiritualmente y el daño que estaba causando. Pensé que proveer era simplemente conseguir dinero.

<u>Stephanie:</u> El verdadero problema era que Joe no tenía una relación personal con el Señor. Hay una diferencia entre lo que él hablaba antes, obras, y realmente conocer a Jesús como tu salvador. Debido a que Joe no tenía al Señor como su salvador, él no sabía cómo ser la cabeza de nuestro hogar. No sabía cómo protegerme y cubrirme de la forma en que la Palabra nos dice en el libro de Efesios, capítulo 5:22-33. Un marido debe ser una cubierta sobre su esposa. Sin antes comprometerse con Cristo, realmente no podía ser esa cubierta o protección para la familia. En su profesión, en donde se trata con muchas cosas demoníacas en la calle, pronto empezó a traer tales cosas a casa. La violencia se convirtió en parte de él. No había una separación entre ir a trabajar y volver a casa. Todo se mezclaba entre sí. Esto causó que nos fuéramos en picada en nuestro matrimonio.

Efesios 5:25 (RVA) Esposos, amen a sus esposas así como también Cristo amó a la iglesia y se entregó a sí mismo por ella

Joe: Stephanie compartió acerca de cómo tuvo lugar un movimiento en espiral, y no podíamos detenerlo. El abuso empeoró, todo empeoró. Stephanie dijo que empezó a mirar otros lugares. Decir que se fue a cometer adulterio y a buscar a alguien más parece muy simple de decir, pero no es así como sucedió. La forma en que sucedió fue que, cuanto más abuso ponía en la relación, más ella endurecía su corazón contra mí para evitar ser herida. Cuanto más endurecía su corazón para conmigo, más endurecía su corazón para con el Señor. La Palabra de Dios realmente no podía acceder a su corazón. Tenía gente orando por ella. Había mujeres que estaban tratando de alentarla, pero muchos de ellos la estaban animando en el camino equivocado. Aun en la iglesia, el consejo era deshacerse de este tipo, encontrar a alguien más. Dios tiene a alguien mejor para ti. Bueno, ¡Dios tenía a alguien mejor para ella! Dios quería que yo fuera salvo, rescatado y sanado por Su poder.

Ese es quien Dios tenía para ella; pero a través del abuso que estaba soportando, y el consejo que estaba recibiendo, ella se dio por vencida. No creo que haya alguien que pueda culparla. Tendrías que haber conocido el tormento al cual la estaba sometiendo para entender realmente la situación. Tal vez Usted esta pasando o ha pasado por cosas similares en su vida; si te ha pasado, entonces puedes entender lo que Dios hizo por nosotros. Es por eso que estamos aquí hoy, para decirles que Jesús puede sanar estas cosas en ustedes.

<u>Stephanie:</u> En Santiago 4:7 leemos: "Sométanse, pues, a Dios. Resistan al diablo, y él huirá de ustedes." Muchos de nosotros podemos entender la primera parte de este versículo. O tal vez lo ignoramos por completo. Queremos que el diablo huya, pero no nos sometemos a Dios. En nuestra relación matrimonial, yo realmente no estaba sometida a Dios de tantas maneras. Esperaba que Dios me respondiera a pesar de haber sido desobediente casándome con Joe; y en otros maneras en mi caminar con el Señor.

Quería que Dios arreglara este lio instantáneamente. En esta sociedad esperamos que todo sea instantáneo. Cuando sembramos, cosechamos. No podemos esperar que Dios siempre nos saque de nuestros líos. Tenemos que ver lo que hicimos para causar lo sucedido. El arrepentimiento es tan importante. Creo que se puede reemplazar la palabra sométanse por la palabra arrepentirse: arrepiéntase, pues, ante Dios. Resistan al diablo, y él huirá de ustedes. Arrepentirse es parte de someterse. La sumisión requiere de arrepentimiento.

2 Crónicas 7:14 (RVA) Si se humilla mi pueblo sobre el cual es invocado mi nombre, si oran y buscan mi rostro y se vuelven de sus malos caminos, entonces yo oiré desde los cielos, perdonaré sus pecados y sanaré su tierra.

Joe: Básicamente, vi a Stephanie ir cuesta abajo a partir de ese momento. No quiero parecer irrespetuoso, pero veía a mi esposa como una persona dulce. Había cosas que veía en ella que realmente amaba. Supongo que no sabía que las amaba hasta que empezaron a desaparecer. Comencé a ver como su corazón se estaba poniendo duro para conmigo, para con Dios. Y aunque antes nunca me había importado, de repente comenzó a importarme. Comencé a entender que estaba perdiendo a mi esposa. Estaba perdiendo mi matrimonio y mis hijos. En ese punto, comencé a mirar al Señor. La realidad de que ella no me quería más había comenzado a mostrarse. Ella realmente dijo: "Ya no te amo." Recuerdo la vez que me dijo eso: qué golpe tan penetrante que fue para mí, no sólo para mi corazón y mi espíritu, sino también para mi ego. Que mi esposa ya no me amara era realmente un duro golpe de recibir. Comencé a buscar al Señor en ese momento y fui salvo. Le pedí a Dios que entrara en mi corazón, le pedí a Jesucristo que fuera mi salvador personal. No creo que comprendía realmente el impacto total de lo que eso significaba en mi vida. Empecé a entrar en la Palabra de Dios, aunque era sobre todo a través de radios cristianas y un poco de televisión cristiana de vez en cuando. La palabra empezó a entrar en mi corazón. Sabemos que la Palabra no vuelve vacía, y eso es lo que empezó a sucederme.

Isaías 55:11 (RVA) Así será mi palabra que sale de mi boca: No volverá a mí vacía, sino que hará lo que yo quiero, y será prosperada en aquello para lo cual la envié.

Filipenses 1:6 (RVA) Estando convencido de esto: que el que en ustedes comenzó la buena obra, la perfeccionará hasta el día de Cristo Jesús.

<u>Stephanie</u>: Al principio sentía que Joe estaba usando todo mi pasado con el Señor. Sentía como si el me apuntara con la Biblia en la cabeza, de la misma manera como apuntaba antes su pistola en mi cabeza. Sentía que la estaba utilizando como una herramienta de control. La verdad era que el realmente comenzó a buscar a Dios y a escuchar la palabra de Dios. A pesar de que a través de los años yo había tratado de interesarlo en ir conmigo a la iglesia; y a veces fue. Esta vez era real.

Antes de este cambio, pienso que él había totalmente cerrado su corazón. Realmente no escuchaba ninguna razón. Tal vez su espíritu estaba recibiendo estas semillas, pero su corazón estaba endurecido y rechazaba la palabra. Empezó a ver televisión cristiana, escuchar radios cristianas, y en algún momento incluso comenzó a asistir a mi iglesia. En aquel momento yo ya no asistía a la iglesia. Conforme Joe empezó a renovar su mente, un cambio comenzó a suceder dentro de él. Siento que empezó primero como un acto manipulador. Joe pensó: bien, ella siempre fue religiosa, y por cierto, religión significa volver al cautiverio. Él realmente no entendía lo que significa un compromiso personal con Jesús, pero estaba buscando. Conforme iba a la iglesia y oía la Palabra, sentía un vacío en su corazón. Comenzó a darse cuenta de que algo faltaba en su vida. Realmente y verdaderamente se había salvado. Ya no era un acto de control para tenerme en línea.

Joe: Recuerdo que muchas veces me sentía frustrado. Sólo podía sentir pena y dolor. Saber que ya no me amaba era difícil. El hecho de que probablemente íbamos a terminar en divorcio era difícil de soportar. Todas estas cosas pasaban por mi mente. Le pedí a Jesús que me ayudara. Le pedí que trajera paz a mi corazón. Por favor no me dejes sentir más el dolor. Cuando me detenía y recordaba pedirle que hiciera estas cosas por mí, Él respondía a mis oraciones.

Creo que mi relación con Jesús realmente empezó a crecer cuando vi que realmente le importaba. Él realmente me escuchaba. Me estaba ayudando a través de todo, sin importar lo que pasara. Comencé a creer que mi matrimonio podría ser sanado aun cuando todas las circunstancias no mostraran que eso pudiera ser una realidad. Las circunstancias eran horribles, todas las cosas que estábamos pasando así como el abuso que había ocurrido.

Hebreos 11:1 (RVA) La fe es la constancia de las cosas que se esperan, la comprobación de los hechos que no se ven.

Tuvimos psicólogos y psiquiatras que nos decían: "oigan, olvídense, que no hay manera de que puedan superar todo lo que se han hecho el uno al otro". Y no sólo psicólogos del mundo, sino también psicólogos cristianos nos decían lo mismo. La palabra de Dios fue poderosa. Empecé a creer en la palabra de Dios y a creer que Él se preocupaba por mi familia y por nuestra relación. Stephanie no creía que Dios pudiera sanar nuestra familia o que yo cambiaría. Comencé a hacer la guerra espiritual que era necesaria. Todo el mundo me decía: "es su libre albedrío y ella no tiene que volver si no quiere". Pero, ¿por qué oramos para que la gente sea salva? No tienen que ser salvos si no quieren, pero seguimos orando.

Oramos por nuestros seres queridos. Oramos por la voluntad de Dios. Oramos para que Dios use las circunstancias para ablandar sus corazones. Así que empecé a orar. La palabra en Proverbios 21: 1 dice: " Como una corriente de agua es el corazón del rey en la mano del Señor, quien lo conduce a todo lo que quiere". Y eso fue lo que empecé a hacer: oré para que Dios tomara el corazón de Stephanie y lo moviera hacia Él.

<u>Stephanie:</u> Ultimadamente, Dios está en control, no importa cuánto podamos estropear nuestras vidas; si se lo permitimos - si le damos el derecho a intervenir, Él lo hará. Si lo rendimos todo, eso es lo principal, tienes que rendirlo todo y dejar que Dios lo tome.

Mientras usted se aferre a algo y todavía este tratando de arreglarlo, no va a conseguir nada. Sólo póngalo sobre el altar y diga: bien, Señor, no puedo hacer que este matrimonio funcione, no puedo arreglarlo, pero tú puedes. Él sabe mucho más. Él conoce mejor a tu esposo que tú. Él te conoce incluso mejor que tú mismo. Al ver este cambio en Joe, al principio pensé que él estaba totalmente loco y que había que encerrarlo en un manicomio. Sentí que se había convertido totalmente en un fanático. Mi corazón en ese momento se había endurecido para con Dios. Y Joe venía a mí con palabra y me daba escrituras. Yo creía que este tipo estaba totalmente fuera de quicio. Le faltaban algunos tornillos. Deberían encerrarlo. A la verdad, yo estaba aún más asustada porque pensaba que ahora era aún más peligroso. Oyes historias de fanáticos religiosos que se van al extremo. Pensé que realmente se había ido bien al extremo. Una vez que lo vi entregarse a Jesús, no solamente sermoneándome con escrituras. En realidad vi un cambio en su vida. Vi al Señor comenzar a transformarlo. Parecía ser real. Al principio no lo era. Tenía una orden de restricción para él. Había empezado el divorcio. Cuando tuve contacto con él al principio, a veces él perdía el control y se enojaba. Pensaba: bueno, no ha cambiado. Ahora está más loco que antes. Pasó un año, pasaron dos años y vi un cambio verdadero, un cambio duradero. Había un verdadero cambio de corazón en él. Podía hacer cosas para tratar de verlo reaccionar. No reaccionaba. La paz de Dios estaba en su corazón. Las circunstancias no lo abrumaban, sino que confiaba en Dios.

Joe: La orden de restricción de que habló Stephanie fue un algo divertido, si se puede tomar eso como algo gracioso. Aquí estábamos con esta orden de restricción, pero podíamos hablar entre nosotros. Podría ir a la casa mientras Stephanie dijera que estaba bien. Mientras Stephanie se sintiera bien, pero tan pronto como no se sintiera a gusto, tenía que irme.

Recuerdo esta oportunidad cuando estábamos separados, Stephanie estaba viviendo en la casa. Me aparecí y empezamos a discutir en la puerta. Stephanie me dijo que me fuera. Me fui y Stephanie llamó a la policía. Allí estaba yo, un policía de Denver, esperando a que la policía de Westminster viniera a arrestarme. Podía haber sido muy embarazoso. Recuerdo haber salido de la casa pensando: oh Jesús, tienes que ayudarme; no puedo ser despedido. Si me despiden ni siquiera tendría un trabajo para sostener a mi familia, cuando volvamos a estar juntos. Recuerdo haber entrado en el carro y mirar por el espejo retrovisor. Miraba hacia la calle cuando vi las dos patrullas de policía de Westminster. Pasaron junto a mi calle. Pensé: esto es grande, Dios cegó sus ojos. Ni siquiera pueden encontrar la casa. Me dio tiempo suficiente para irme. Miraba hacia atrás sabiendo que Dios me estaba protegiendo. Él sabía que Él tenía que estar allí para protegerme. Hubo todo tipo de situaciones diferentes en las que vimos cómo la mano de Dios se movía en nuestras vidas. Dios estaba siempre probando que Su Palabra era verdad. Recuerdo otra situación en la que Stephanie y los niños se habían mudado. Estaban viviendo con el marciano, como lo llamaba. Stephanie dijo que eso era ya suficiente; se iba a casar con esta otra persona. Yo vivía en la casa en ese momento, en nuestra casa, y ella vivía en el departamento del marciano con los niños. Pensaba: Dios, vaya que no puedo soportar esto.

Dios, me has salvado y me has librado de tanto. ¿Cómo puede esto estar ocurriendo? ¿Por qué no puede ver que soy diferente y por qué no podemos estar juntos? Estaba orando llamándola por su nombre: "Stephanie, Stephanie". Bueno, el enemigo empezó a venir con todos estos pensamientos de suicidio. La opresión demoníaca era tan pesada que tenía que ver que algo ocurriera antes que pudiera continuar. Pensaba: me voy a matar, ¡no puedo soportarlo más! Recuerdo que estaba sentado en mi cama, tomando mi arma y poniéndola en mi boca. Pensando: esto es todo, lo voy a hacer y voy a terminar con todo. No voy a sentir más este dolor. Recuerdo que pensaba que debía darle una última oportunidad. Tenía que hablar con ella una última vez. Iba y cogía el teléfono. Comenzaba a marcar su número. No había tono de línea. De repente, pude oír su voz al otro lado diciendo "alo, alo". Pensé: esto es realmente extraño. Le dije hola y le pregunté cómo estaba ella en el teléfono si no había habido tiempo para que sonara aun? Ella dijo: "¿Cómo es que no estás contestando el teléfono? He estado tratando de llamarte y no había respuesta". Bueno, yo no sabía que el timbre del teléfono estaba apagado. Todo ese tiempo estuve pasando por todo ese tormento y ella había estaba tratando de llamarme. Podrías pensar que fue una coincidencia, pero realmente siento que Dios me estaba salvando la vida. Bueno, le pedí que viniera a casa, que resolviéramos esto. Podíamos resolver esto. No me importa lo que hubiera pasado entre nosotros; Dios podía hacerlo. Ella dijo entonces: quiero preguntarte una cosa, "¿Estabas llamándome por mi nombre?"

<u>Stephanie:</u> En realidad oí audiblemente a Joe llamar mi nombre tres veces. Había quizá 25 millas de distancia entre los dos. Y en lo natural, no había manera que hubiera podido oír a Joe. Fue una cosa sobrenatural que Dios permitió. Realmente no entendía la palabra de Dios en Génesis 2:24, Dios los hizo una carne, hueso del hueso del otro y carne de la carne del otro. En ese momento, estábamos experimentando un encuentro en una sola carne. Dios permitió que las paredes y la dureza y la distancia se derrumbaran. Dios me permitió oír el corazón de mi esposo gritando por mí.

A través de los años y por medio de la sanidad que hemos recibido, puedo realmente apreciar y entender lo que me pasó esa noche. Entiendo la gracia de Dios. Incluso me permitió escuchar el corazón de Joe para salvarme, y me llevo en arrepentimiento al Señor. Dios también quería que yo oyera su voz para que Joe no se quitara la vida. Hubo una doble protección allí. Dios estaba cuidando nuestra relación en una sola carne.

Génesis 2:24 (RVA) Por tanto, el hombre dejará a su padre y a su madre, y se unirá a su mujer, y serán una sola carne.

Nuestra relación en una carne es una relación que nos reúne en cuerpo, alma y espíritu, haciéndonos uno.

Efesios 5:30-33 (RVA) Porque somos miembros de su cuerpo. ^{31} Por esto dejará el hombre a su padre y a su madre y se unirá a su mujer, y serán los dos una sola carne. ^{32} Grande es este misterio, pero lo digo respecto de Cristo y de la iglesia. ^{33} Por tanto, cada uno de ustedes ame a su esposa como a sí mismo, y la esposa respete a su esposo.

Joe: Alabo a Dios ahora que Jesús hizo lo que Él hizo por nosotros. Sabemos que puede y quiere hacer esas cosas por Usted. La Palabra de Dios es verdadera.

Recuerdo haber usado esta escritura, 1 Corintios 7:4 " La esposa no tiene autoridad sobre su propio cuerpo, sino su esposo; asimismo el esposo tampoco tiene autoridad sobre su propio cuerpo, sino su esposa." Así que me decía: bien, si tengo poder sobre el cuerpo de mi esposa, entonces el marciano no podía tenerla. Yo tenía que tenerla y creía en esas escrituras. Sé que algunas personas podrían ver eso y decir: bueno, eso podría ser llevar las cosas un poco demasiado lejos. Me imagino que, en este momento, realmente no me importa lo que piensen, porque sé que la Palabra de Dios era y es verdad. Funcionó con nosotros. No era el decir la palabra, era más bien el hecho de creer la palabra.

Romanos 10:17 (RVA) Por esto, la fe es por el oír, y el oír por la palabra de Cristo.

Tenía que hacer la guerra espiritual. Tenía que creer en las Escrituras. Leí el Libro de Oseas en la Biblia. Vi el corazón de Dios para el matrimonio. La historia de Oseas mostró el amor que sentía por su esposa Gomer. Vi lo que realmente era el corazón de Dios para nuestro matrimonio. Tenía que creer que el poder de Dios era lo suficientemente fuerte como para sanar nuestro matrimonio. Recuerdo cuando Stephanie volvió a casa después de la situación de oír mi voz. Ella se estaba sometiendo a Dios. Necesitábamos ser obedientes a Su palabra y así fue como Él comenzó a sanarnos. Así empezó el proceso de sanidad. Sanidad fue entonces derramada.

Stephanie: Después que dos semanas pasaran luego del incidente en el que escuché a Joe gritar mi nombre, no tenía paz en mi corazón. El Espíritu Santo continuaba redarguyéndome y redarguyéndome. Realmente no quería volver a casa porque sentía que amaba a esta otra persona.

Ahora sé que como Dios es amor, el adulterio nunca puede ser amor. No sentía nada por Joe. Sentía pena por él, pero no sentía ningún amor por él. Pero sentía que el Espíritu Santo me mostraba mi culpabilidad. Finalmente me convenció de mi culpa y ganó sobre mi propia carne. ¡El poder de Satanás, la opresión demoníaca que me tenía sujeta, tenía que dejarme ir! Recuerdo cuando monté todas mis pertenencias y las pertenencias de los niños en el carro mientras la otra persona estaba en el trabajo. Sabía que tenía que ir a casa si quería vivir mi vida correctamente delante de Dios. Me parecía totalmente imposible. Mis emociones estaban hechas un desastre. Mi carne imperaba. Sentía que mi espíritu había muerto completamente. Recuerdo haber subido a los niños en el carro y empezar a conducir a casa por la carretera. Mientras íbamos a casa por la carretera I-25 casi tuvimos un accidente fatal. Creo que habría sido un accidente fatal. Un carro viró en frente del mío. Dios estaba allí y me protegió. Incluso sentí que eso fue un último intento de Satanás para destruirme a mí y a los niños antes de que llegáramos a casa. Recuerdo haber llegado a casa, y estando ya allí, pensar: ¿qué estoy haciendo aquí? ¡No lo quiero! Amo a esta otra persona. No quiero estar aquí. Sé que estoy en pecado. Quiero corregir mi vida. Estaba clamando a Dios diciéndole:

Dios, no amo a Joe pero confío que de alguna manera Tú vas a hacer que esto funcione.

Los primeros cinco, seis, siete meses fueron bien duros. Había tal barrera entre Joe y yo. Comencé a reconstruir mi relación de nuevo con el Señor y comencé a sanar mi corazón.

<u>Joe:</u> Sabía que no le agradaba a Stephanie; de hecho ella dice que no me amaba. En aquel momento, ella poco faltaba y me odiaba. Yo lo sabía y supongo que era un poco difícil de soportarlo. También sabía que la palabra de Dios era verdad. Realmente creía que Dios lo haría, que Él podría poner amor de vuelta a nuestra relación, pero realmente queríamos algo nuevo; No queríamos lo que teníamos antes porque lo que teníamos antes no creo que había estado basado en el amor. Estábamos de nuevo juntos, pero recuerdo que no confiaba en Stephanie. Habíamos pasado por todas estas cosas, el abuso, el tormento que le había hecho pasar. No podía confiar en ella debido al adulterio. No podía confiar en que no volviera a suceder, pero no sólo no confiaba en ella, no estaba confiando en Dios.

Llegamos a un punto en el que, después de unos meses, empezamos a alejarnos el uno del otro. De hecho, nos separamos de nuevo. El Señor me mostró cómo había destruido a Stephanie. Nunca olvidaré cómo me mostró una visión de una flor - puedo verla como si fuera hoy; era violeta, blanca y amarilla. Cómo había aplastado la flor! Me mostró que la flor era Stephanie. Yo realmente no había ido a Él para dejarlo empezar a sanar nuestra relación. Recuerdo que estábamos viviendo juntos y tratando de restaurar las cosas. Incluso estábamos yendo a la iglesia todo el tiempo, yendo a cada reunión a la que pudiéramos ir. Leíamos la Palabra, escuchábamos cintas sobre el matrimonio. Pensábamos que estábamos en el camino correcto, pero realmente no lo estábamos completamente. Todavía no éramos uno solo juntos. No estábamos compartiendo íntimamente el uno con el otro, dejando que la Palabra de Dios trabajara en el interior de nosotros. Yo no estaba permitiendo que Dios hiciera cosas para fortalecer mi propia relación con Él. En ese momento, creo que estaba realmente idolatrando nuestro matrimonio. Estaba adorando a Stephanie. Yo estaba adorando la relación matrimonial en lugar de adorar a Dios. Yo no le estaba dejando entrar y hacer las cosas que Él quería hacer.

<u>Stephanie:</u> En Jeremías 29:11 la Palabra dice: "Porque yo sé los planes que tengo acerca de ustedes, dice el Señor, planes de bienestar y no de mal, para darles porvenir y esperanza."

Como Joe nos compartía, él no estaba confiando en Dios. Él no tenía la paz de Dios como para saber que Dios quiere lo mejor para él. Dios podía cuidarme mejor que lo que él podría cuidar de mí. Pero Joe no confiaba debido a los fracasos que habíamos tenido en nuestro matrimonio. Las decepciones que tuvimos. Todas las cosas que nos habíamos hecho el uno al otro. Para él era difícil aun confiar en Dios. Hasta que llegó al punto de confiar en Dios y de renunciar a todo reclamo y derechos sobre mí, dejándome en manos del Señor. Cuando me dejo en sus manos, las cosas empezaron a cambiar.

Joe: Recuerdo que realmente empezamos a compenetrarnos. Finalmente tuvimos una relación de una sola carne. Comenzamos recibir más y más sanidad y buscamos ministerios para ayudar. Nos pusimos en el camino correcto. Empezamos a aprender todo acerca de lo que era un pacto, y todo acerca de lo que era ser una sola carne. Entonces realmente empezamos a sanarnos. La palabra de Dios comenzó realmente a hacer algo en nuestras vidas. Podíamos tener vida en nuestra relación. Eso era lo que deseábamos. En realidad, éramos probablemente más opuestos de lo que cualquiera podría ser, pero cuando Dios empezó a moverse en nuestras vidas realmente comenzamos a ver las cosas de la misma manera. Vimos que Dios tenía un plan. Dios estaba allí y Él estaba usando a los dos de diferentes maneras para llevar Su propósito a cumplirse.

Stephanie: En Isaías 43: 18-19 dice: " No se acuerden de las cosas pasadas ni consideren las cosas antiguas. He aquí que yo hago una cosa nueva; pronto surgirá. ¿No la conocerán? Otra vez les haré un camino en el desierto, y ríos en el sequedal". Así que realmente eso es lo que Dios ha hecho por nosotros. Nos quitó nuestro pasado y nuestra vieja naturaleza, las heridas y el dolor. Él comenzó a darnos una nueva visión y una nueva esperanza para nuestro matrimonio. Pudimos perdonarnos el uno al otro y perdonarnos a nosotros mismos.

2 Timoteo 2:21 (RVA) Así que, si alguno se limpia de estas cosas será un vaso para honra, consagrado y útil para el Señor, preparado para toda buena obra.

Salmos 103:12 Tan lejos como está el oriente del occidente así hizo alejar de nosotros nuestras rebeliones.

Joe: Compartimos anteriormente que tanto psicólogos como psiquiatras, todos nos dijeron que no había esperanza para nosotros. Dijeron que nunca podríamos superar las cosas que nos habíamos hecho el uno al otro. Pero la sangre de Jesús derramada sobre nosotros si podía. Él nos haría limpios y blancos como la nieve. Nos devolvió la inocencia. Sentíamos que los adulterios y el pecado antes del matrimonio nunca siquiera habían sucedido. Podíamos relacionarnos el uno con el otro como si no hubieran ocurrido. Sólo Dios podía hacer este milagro. Lo alabamos por eso ahora, y estamos aquí para decirle que lo que Dios ha hecho por nosotros, El lo hará por ustedes.

Apocalipsis 12:11 (RVA) Y ellos lo han vencido por causa de la sangre del Cordero y de la palabra del testimonio de ellos, porque no amaron sus vidas hasta la muerte.

La mayoría de gente ha oído la historia de David y Goliat. Queríamos hacerte saber que, no importa en qué situación estés hoy, Dios está allí para ti como lo estuvo para David. Goliat atormentó a los israelitas como el diablo intenta hacer con nuestros matrimonios. Necesitamos tratar al diablo de la manera en que David trató a Goliat en 1 Samuel 17:41-42. La Palabra dice: "El filisteo venía acercándose a David, precedido de su escudero. Cuando el filisteo miró y vio a David, lo tuvo en poco, porque era un joven de tez sonrosada y de hermoso semblante." El enemigo quisiera que todos pensemos que no somos nada, que no somos nada a los ojos del hombre, que no somos nada a los ojos de Dios. Que básicamente somos buenos para nada. Pero somos mucho más de lo que el diablo quiere que pensemos. Somos creación de Dios y Dios nos tiene en alta estima. Él tiene un propósito para nosotros. "Y el filisteo preguntó a David: ¿Acaso soy yo un perro para que vengas contra mí con palos? El filisteo maldijo a David por sus dioses. También el filisteo dijo a David: ¡Ven a mí, y daré tu carne a las aves del cielo y a los animales del campo! Entonces David dijo al filisteo: Tú vienes contra mí con espada, lanza y jabalina. Pero yo voy contra ti en el nombre del Señor de los Ejércitos, Dios de los escuadrones de Israel, a quien tú has desafiado. El Señor te entregará hoy en mi mano, y yo te venceré. Te cortaré la cabeza y daré hoy los cadáveres del ejército filisteo a las aves del cielo y a los animales del campo. ¡Y toda la tierra sabrá que hay Dios en Israel! También todos estos congregados sabrán que el Señor no libra con espada ni con lanza. ¡Del Señor es la batalla! ¡Y él te entregará en nuestra mano!". Y por eso estamos aquí hoy y por eso damos nuestro testimonio tantas veces y en tantos lugares como podamos, para doblegar lo que el enemigo ha utilizado contra nosotros. Dobléguela contra él y deje que Dios sane su vida y su tierra. "Aconteció que cuando el filisteo se levantó y se fue acercando al encuentro de David, este se dio prisa y corrió al combate contra el filisteo". Y eso es lo que necesitamos hacer, tenemos que correr hacia lo que sea el Goliat en nuestro vida, ya sea enfermedad, ya sea estrés emocional, ya sea desastre financiero, corremos hacia el problema con la Palabra de Dios y derrotamos al enemigo. "Entonces David metió su mano en la bolsa, tomó de allí una piedra y la arrojó con la honda, hiriendo al filisteo en la frente. La piedra quedó clavada en su frente, y este cayó de bruces en tierra.".

"Así venció David al filisteo con una honda y una piedra, y lo mató sin tener espada en su mano". Bueno, ahí es donde David realmente obtuvo su victoria. Tomó la misma espada que venía contra él y la usó contra el enemigo. "Entonces David corrió, se puso sobre el filisteo, y tomando la espada de este, la sacó de su vaina y lo mató cortándole la cabeza con ella. Cuando los filisteos vieron muerto a su héroe, huyeron". Y estamos diciendo, aquí y ahora, que todo lo que el enemigo ha hecho en su matrimonio, tú puedes tomarlo y puedes volverlo contra él. Puedes usar la espada del enemigo que es el pecado que intentó destruirte, y a través de tu testimonio, usarlo contra el enemigo. Ahora usa más bien la espada de Dios que es Su Palabra y Su redención para ver sanidad en tu vida y en la vida de otros. Le pedimos al Señor que Él bendiga vuestro matrimonio. El Dios de Israel, el mismo que sano nuestra tierra, te sanará. Déjale hacer el trabajo a Él.

Stephanie: No mires las circunstancias, mira más allá de ellas. Sé ahora que el poder de Dios puede hacerlo. Él está allí para sanarte. Dios quiere devolverte lo que Satanás te ha robado. En 2 Corintios 1:4 la Palabra dice "quien nos consuela en todas nuestras tribulaciones. De esta manera, con la consolación con que nosotros mismos somos consolados por Dios, también nosotros podemos consolar a los que están en cualquier tribulación". Hemos compartido contigo que Dios hizo una cosa milagrosa en nuestras vidas. Hemos compartido que Dios te consolará con la misma consolación que Dios nos ha dado. Te hemos dado la fe para creer que Dios lo hará por ti.

Joe: Amén. En Jeremías 32:39, la Palabra dice " Les daré un solo corazón y un solo camino, a fin de que me teman perpetuamente, para su propio bien y para el bien de sus hijos después de ellos. Haré con ellos un pacto eterno; no desistiré de hacerles bien. Pondré mi temor en el corazón de ellos, para que no se aparten de mí. Me regocijaré por causa de ellos al hacerles el bien. Los plantaré en esta tierra con verdad, con todo mi corazón y con toda mi alma". Te bendecimos en este día en el nombre de Jesús.

Tienes las respuestas en Él. Somos vencedores. Él nos da esperanza.

Efesios 1:7 (RVA) En él tenemos redención por medio de su sangre, el perdón de nuestras transgresiones, según las riquezas de su gracia

El testimonio de los DeMott trae esperanza y aliento a cualquier matrimonio, y ellos ministran a parejas a través de la enseñanza, profecía y su propia transparencia. Joe y Stephanie han compartido su historia en el Club 700, así como el programa Alabanza al Señor del canal TBN y muchos otros programas cristianos de televisión y radio.

Joe y Stephanie han estado casados desde 1975 y tienen cuatro hijos adultos y seis nietos. Joe es un detective retirado del Departamento de Policía de Denver con 30 años de servicio, donde trabajó en la Unidad de Homicidios durante once años. Los DeMott fueron llamados al ministerio matrimonial en 1986 y han ministrado por todo los Estados Unidos así como en Etiopía, Dinamarca, Suecia, Italia, Escocia, Suiza, Singapur, Alemania e Inglaterra, siendo el viaje más reciente a Cuba. Los DeMott también están ministrando en Pakistán y Ucrania en línea a través de Breakthrough Meetings. Muchos países nos han contactado y estamos desarrollando formas de ministrarles.

Por favor, póngase en contacto con nosotros para obtener más recursos o ayuda en su matrimonio.

PO BOX 7832

Broomfield, Colorado 80021

Oficina: 303-465-0342

Celular: 720-351-6211

info@missionaries2marriages.com

www.missionaries2marriages.com

Búsquenos también en Facebook y Youtube a través de nuestro sitio web.

Usted también puede donar a nuestro ministerio a través nuestro sitio web. Apreciamos su regalo y, con usted como socio nuestro, Usted estará tocando las vidas de parejas y familias en todo el mundo. Somos un ministerio 501C3.

2 Corintios 8:23 (RVA)
En cuanto a Tito, él es compañero mío y colaborador para con ustedes; y en cuanto a nuestros hermanos, ellos son mensajeros de las iglesias y gloria de Cristo.

www.ingramcontent.com/pod-product-compliance
Lightning Source LLC
Chambersburg PA
CBHW050356070526
44428CB00001B/10